Foreword

On the night of the 5th to the 6th of June 1944, Alexandre Renaud, Mayor of the small town of Sainte Mère Eglise had just fallen asleep when a fireman awoke him to tell him a house was on fire just behind the church square. The German soldiers were already at the scene of the fire, and, armed and ready to fire, they nervously watched the few villagers who had gathered in an attempt to put out the fire. But very quickly, this apparently banal event took on a whole new dimension. The Mayor described the scene:

«At that precise instant, large transport planes, all lights ablaze, hedgehopped over the trees, others followed immediately after, and then even more. They came from the west in huge waves, almost silently, their shadows looming over the earth.»

The most massive all-time airborne landing operation had just begun, and it marked the beginning of France's liberation. Sainte Mère Eglise, a small town in the Normandy bocage, situated on the N13 a road somewhere between Caen and Cherbourg had just been abruptly torn from its age-old anonymity. As the first liberated French village, it went down in history, and its church tower took on a symbolic importance, particularly after private John Steele from the 505th Regiment of the 82nd Airborne Division was unlucky enough to land on its steeple and hung there for several hours.

Within the context of the Overlord operation, the American high command had decided to establish a bridgehead on the east shore of the Cotentin peninsula, now known under its code name «Utah Beach». The task for the first infantry troops who landed was a tricky one in this highly fortified zone with many areas deliberately flooded by the occupying army. But the rapid control of the deep-water port of Cherbourg was strategically essential for the landing of heavy equipment.

To enable the 4th Infantry Division to set foot on the beaches, General Eisenho prestigious airborne divisions at his disposal. The 82nd Division was commanded by General Ridgway and his young 37 year-old assistant, General Gavin. The 101st Division was commanded by General Taylor.

The 82nd Division was to land on 3 drop zones in the immediate vicinity of Sainte Mère Eglise. It then had to ensure the control of this village situated on a major road link, take possession of the La Fière, Chef du Pont and Beuzeville la Bastille bridges, and pursue its attack to the West towards Saint Sauveur le Vicomte as quickly as possible, in order to cut off the Cotentin pensisula thus isolating the Cherbourg garrison.

The 101st Division's first task was to ensure the rapid control of the 3 access roads crossing the flooded zone behind the landing beaches, as well as the bridges situated over the Douve River to the north of Carentan and the La Barquette lock. Having achieved this, it then had to take possession of the town of Carentan, with the help of freshly landed troops.

The Sainte Mère Eglise operation was a total success. After a few night battles in the small town, at 4.30 am Colonel Krause (3rd Batallion/505th PIR/82nd Airborne Division) had the United States of America's flag hoisted up on the town hall flagpole. Despite 3 days of German counter attack from the South, but mainly from the West and North, the town remained under allied control. At the cost of cruel battles, and often short of ammunition, the paratroopers pursued their powerful offensive from Montebourg, halting German tanks at point-blank range at the town entrance. At the same time, fierce battles were underway at La Fière to secure possession of a bridge opening the route to the West. Pathfinder Bob Murphy (A Company/505th PIR/82nd Airborne Division) recounts his experience in his book entitled « No Better Place to Die ».

Revue militaire derrière l'église. Sainte Mère Eglise était occupé depuis quelques semaines par une unité de la Flak (défense anti-aérienne) et par quelques éléments du train. Les soldats étaient logés dans des maisons réquisitionnées ou chez l'habitant. Un poste d'observation avait été installé dans le clocher de l'église et était occupé nuit et jour. Le quartier général de cette unité se trouvait à Fauville, village situé à 2 km au Sud. Ces troupes étaient aux ordres du Général Falley commandant la 91ème Division dont le PC se trouvait à Picauville, distant de 10 km.

Military inspection behind the church. Sainte Mère Eglise had been occupied for a few weeks by a Flak (air defense) unit and a few men from the Train Regiment. Soldiers lodged in requisitioned houses or with the local population. A permanent night and day observation post had been set up in the church bell tower. The unit's headquarters were in the village of Fauville, 2 km further south. These troops were under the orders of General Falley, Commander of the 91ª Division whose command post was situated in Picauville, 10 kilometres away.

Cette photo a été prise à 18 h 30 en Angleterre le 5 Juin 1944. Il s'agit d'un groupe d'éclaireurs (pathfinders) du 1/505 PIR de la 82ème Division Aéroportée. Ce groupe était en charge de la DZ O située à 2 km à l'Ouest de Sainte Mère Eglise. Leur mission était de sauter 1 heure avant le gros de la Division afin de baliser la zone de saut. Ils étaient dotés de balises Eurêka qui permettaient de rentrer en contact radio avec les avions leaders équipés du système Rebecca.

This photograph was taken in England at 6.30 pm on the 5th of June 1944. It shows a group of pathfinders from the 1/505th PIR of the 82nd Airborne Division. This group was in charge of the DZ O, 2 km to the West of Sainte Mère Eglise. Their mission was to jump 1 hour before the bulk of the Division in order to mark out the landing zone. They had Eureka beacons enabling them to maintain radio contact with aircraft equipped with the Rebecca system.

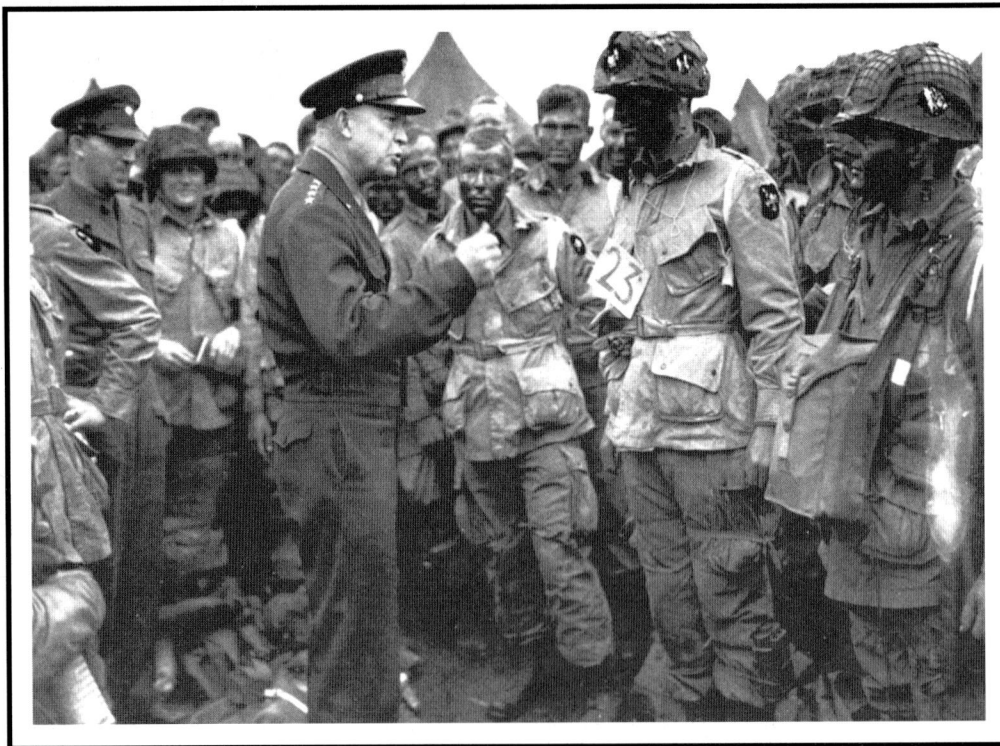

Dernier encouragement du Général Eisenhower avant le départ. Il sait que la réussite de la tête de pont de Utah Beach est liée au succès des parachutistes de la 101ème et de la 82ème, et que beaucoup ne reviendront pas. Cette opération aéroportée est la plus grande jamais réalisée. Elle rassemble 14 500 parachutistes qui sauteront de 820 avions Douglas C47. Ils sont renforcés par 3 000 hommes d'infanterie acheminés dans 510 planeurs de type Horsa ou Waco dans lesquels se trouvent également matériel lourd, jeeps, canons antichars, mortiers, munitions, vivres et médicaments.

Last words of encouragement from General Eisenhower before the departure. He knows that the success of the Utah Beach bridgehead depends on that of the 101st and 82nd Divisions, and that many soldiers will never return home. This airborne operation was the greatest ever undertaken. 14,500 paratroopers jumped from 820 Douglas C47 planes. 3,000 infantry reinforcement troops were transported in 510 Horsa or Waco Gliders, along with heavy equipment, jeeps, anti-tank canons, mortars, provisions and medicine.

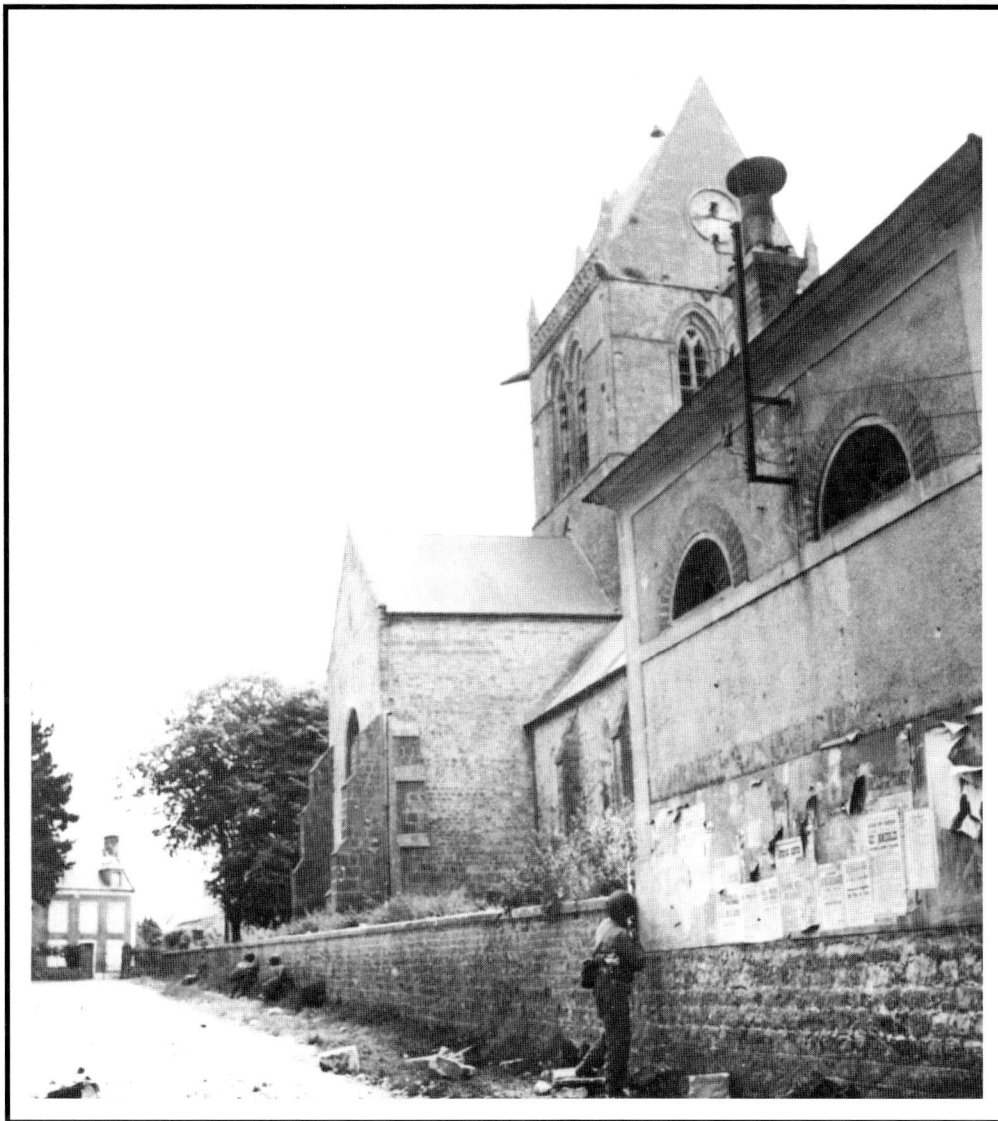

Le 6 juin à 4 heures du matin le drapeau américain flotte sur la mairie de Sainte Mère Eglise. Les accidents lors du parachutage de nuit ainsi que l'atterrissage des planeurs dans le bocage ont été meurtriers, mais c'est à l'aube que les combats commenceront vraiment. La première tâche pour le 3ème bataillon/505 PIR dont la mission est de tenir la bourgade, est d'éliminer les éventuels tireurs isolés Allemands (snipers) cachés dans les maisons ou le clocher.

4 am on the 6th of June, the American flag flies high on the Sainte Mère Eglise town hall flagpole. Accidents throughout the night's parachute and glider landings brought many casualties, but combat only really began at dawn. The first task awaiting the 3rd Batallion of the 505th PIR, whose mission was to take hold of the town, was to eliminate any lone German snipers hiding in houses or in the church bell tower.

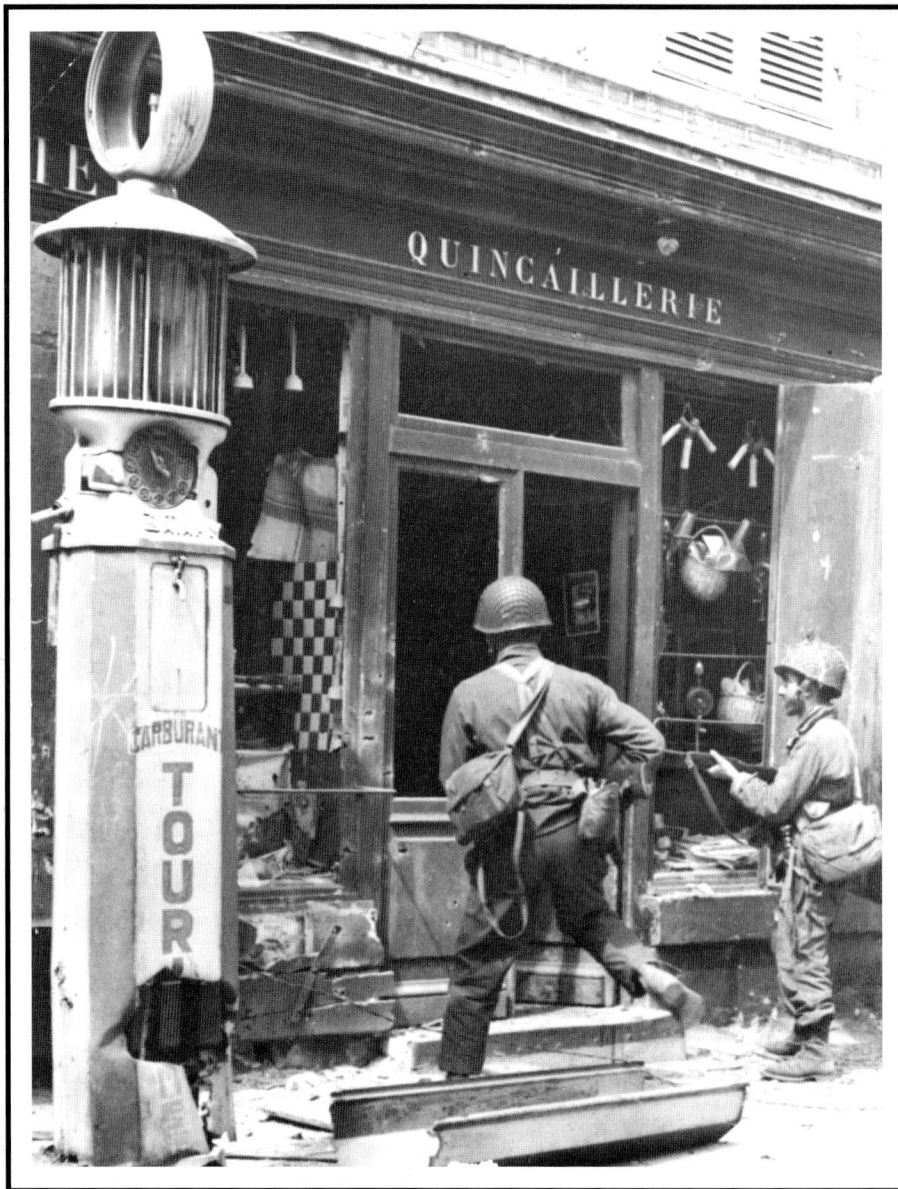

Le 6 Juin matin vers 11 heures, un des premiers obus Allemands tiré du village de Fauville tuera deux civils Français dont le propriétaire de cette quincaillerie. Cette photo de deux soldats Américains fouillant les maisons a été prise quelques heures après.

On the 6th of June around 11 am, one of the first German shells was fired from the village of Fauville killing 2 French civilians, including the owner of this hardware store. This photograph showing 2 American soldiers searching houses was taken a few hours later.

Des parachutistes de la 82ème Division Aéroportée finissent d'assurer le contrôle de la bourgade. La jeep en arrière plan est arrivée dans un planeur alors que la charrette allemande tirée par des chevaux et conduite par des parachutistes est « une prise de guerre ».

Paratroopers from the 82nd Airborne Division confirm and conclude their possession of the town. The jeep in the background was brought by a glider, whereas the horse-drawn cart driven by paratroopers is war-spoil.

Le 6 juin matin, profitant de la protection des deux Divisions Parachutistes larguées en profondeur, les troupes du 8ème Régiment de la 4ème Division d'Infanterie débarquent à Utah Beach. Sur la photo, ils se protègent le long de la digue de bord de mer pendant que leurs camarades du Génie font sauter les mines et organisent les passages.

On the morning of the 6th of June, taking advantage of the protection offered by the 2 parachute divisions already inland, troops from the 8th Regiment of the 4th Infantry Division landed on Utah Beach. On this photograph, they are protected by the sea wall while engineers blow up mines and clear the passageway.

A peine les plages sécurisées, la puissante logistique américaine se met en marche.

The beaches are barely secured, and the powerful American logistics are put into action.

La jonction avec les troupes d'infanterie débarquées à Utah Beach était sensée avoir lieu dès le 6 Juin au soir. En fait elle prendra beaucoup plus de temps pour de multiples raisons. Sur cette photo, la carabine à portée de main, ce G.I. fait un brin de toilette dans son casque après de nombreuses heures de combat, sans doute pour la première fois depuis qu'il a quitté l'Angleterre.

The junction with infantry troops who had landed on Utah Beach on the 6th of June was planned for the very same evening. In fact, it took a lot longer for many reasons. This photograph shows a GI, his rifle at hand, refreshing himself after many hours combat, probably for the first time since he left England.

Le 6 Juin matin, le Colonel Vandervoort confie au Lieutenant Turnbull la protection nord du dispositif au niveau de Neuville au Plain. Mais sous la pression de la contre-attaque ennemie, Turnbull ne pourra tenir que quelques heures. Le 7 Juin les dernières poussées de l'ennemi atteindront les premières maisons de la bourgade. Ici un char stoppé in extremis achève de se consumer.

On the morning of the 6th of June, Colonel Vandervoort assigned the protection of the northern sector at Neuville au Plain to Lieutenant Turnbull. But under fierce enemy counter attack, he and his men only managed to keep control for a few hours. On the 7th of June the last enemy approaches reached the village entrance. Here we see an almost burnt-out tank, halted just in time at the village entrance.

7 Juin. Le Général Von Schlieben, commandant la 709ème Division donna l'ordre aux deux bataillons du 1058ème Régiment d'Infanterie de reprendre l'attaque. Il attacha deux bataillons d'artillerie lourde motorisée et une compagnie de canons autotractés du 709ème Panzerjägerbataillon. Le Sturmbataillon de la 7ème Armée reçut l'ordre de se joindre à l'attaque. Sur cette photo, on voit un des deux chars Mark IV mis hors de combat par un canon anti-char de 57 mm servi par le parachutiste John Atchley, à 100 mètres des premières maisons de Sainte Mère Eglise.

7th June. General Von Schlieben, Commander of the 709th Division, ordered the battalions of the 1058th Infantry to go back into attack. He took over two motorised heavy artillery battalions and a company of self-propelled canons from the 709th Panzerjager Battalion. The 7th Army's Sturm Battalion was also ordered to join the attack. This photograph shows one of two Mark IV tanks, put out of action by a 57 mm anti-tank canon fired by the paratrooper John E. Atchley at only 100 metres from the entrance to Saint Mère Eglise.

Carrefour principal. 7 Juin après-midi. Les premiers chars du 70ème Tank Bataillon arrivent de la mer et mettent fin à l'isolement des parachutistes. Ils vont tourner immédiatement en direction de Cherbourg et arrêter définitivement tout risque de reprise de Sainte Mère Eglise.

Major road junction on the afternoon of the 7th of June. The first tanks from the 70th Tank Batallion arrived from the beaches and put an end to the paratroopers' isolation. They immediately set off for Cherbourg and irrevocably ended any enemy hopes of regaining Sainte Mère Eglise.

Il est enfin temps de prendre un peu de repos pour le GI Elmer Habbs.

GI Elmer Habbs finally manages to find time to rest.

Sur 2 km, entre l'entrée Nord de Sainte Mère Eglise et Neuville au Plain, plus de 400 Allemands seront anéantis durant les journées du 6 et du 7 Juin. Les rescapés de cette photo semblent épuisés, mais pour eux la guerre est finie.

On the 2 km distance between the north entrance to Sainte Mère Eglise and the small town of Neuville au Plain, more than 400 German soldiers lost their lives from the 6th to the 7th of June 1944. The survivors in this photograph are exhausted, but, for them, the war is finally over.

Bien que la position ne soit pas très confortable, ce prisonnier doit estimer qu'il a de la chance d'être vivant.

Although his position is not very comfortable, this prisoner is surely glad to be alive.

Les combats de la Fière à l'Ouest de Sainte Mère Eglise furent particulièrement durs et meurtriers. La maîtrise d'une des seules chaussées traversant les marais inondés était stratégiquement indispensable. Ici on voit trois chars du 100ème Panzer bataillon stoppés au bazooka par les parachutistes juste avant qu'ils ne franchissent le pont.

Combat at La Fière, to the west of Sainte Mère Eglise was particularly fierce bringing many casulaties. It was strategically essential to take control of one of the only roads crossing the flooded marshland. In this photograph, we can see three tanks from the 100th Panzer Batallion, destroyed by paratroopers using bazooka anti-tank weapons just before they started crossing the bridge.

Le soldat Allen Langdon, compagnie C du 505ème Régiment de la 82ème Division Aéroportée, blessé à la Fière le 7 Juin 1944.

Private Allen Langdon, Company C of the 505th Regiment of the 82nd Airborne Division, injured at La Fière on the 7th of June 1944.

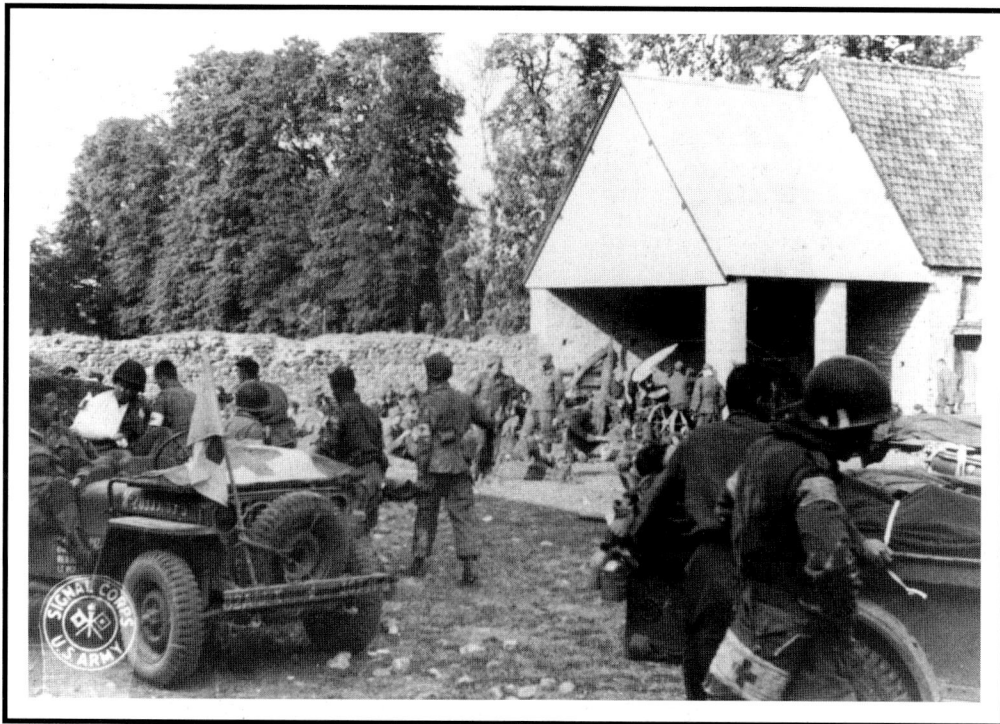

Ferme de la Couture. 6 Juin matin. Cette ferme à mi-chemin entre Sainte Mère Eglise et la Fière se situait en bordure de la zone de saut du 505ème (DZ « O »). Elle fut vite transformée en poste de secours (regimental aid station). Sur la photo en arrière-plan, on peut voir les premiers prisonniers Allemands.

La Couture Farm on the morning of the 6th of June. This farm situated midway between Saint Mère Eglise and La Fière was just on the borderline of the 505th (DZ «O») landing zone. It was rapidly transformed into a regimental aid station. In the background of this photograph we can see the first German prisoners.

La maison de retraite est transformée en hôpital dès le 6 Juin. Les blessés des deux camps y affluent pour y être soignés. Sur cette photo on peut voir des prisonniers Allemands aidant à décharger des blessés.

This retirement home was transformed into a hospital as early as the 6th of June. Injured Allied and German troops were rushed there to be treated. This photograph shows German prisoners helping to transport the wounded.

Quelques jours après le 6 Juin, la maison de retraite est rendue à sa vocation civile et les blessés américains sont transférés avec l'aide de civils français vers des hôpitaux de campagne sous tentes.

A few days after the 6th of June, the retirement home was reinstated and the wounded American troops were transferred to countryside tent hospitals, with the help of French civilians.

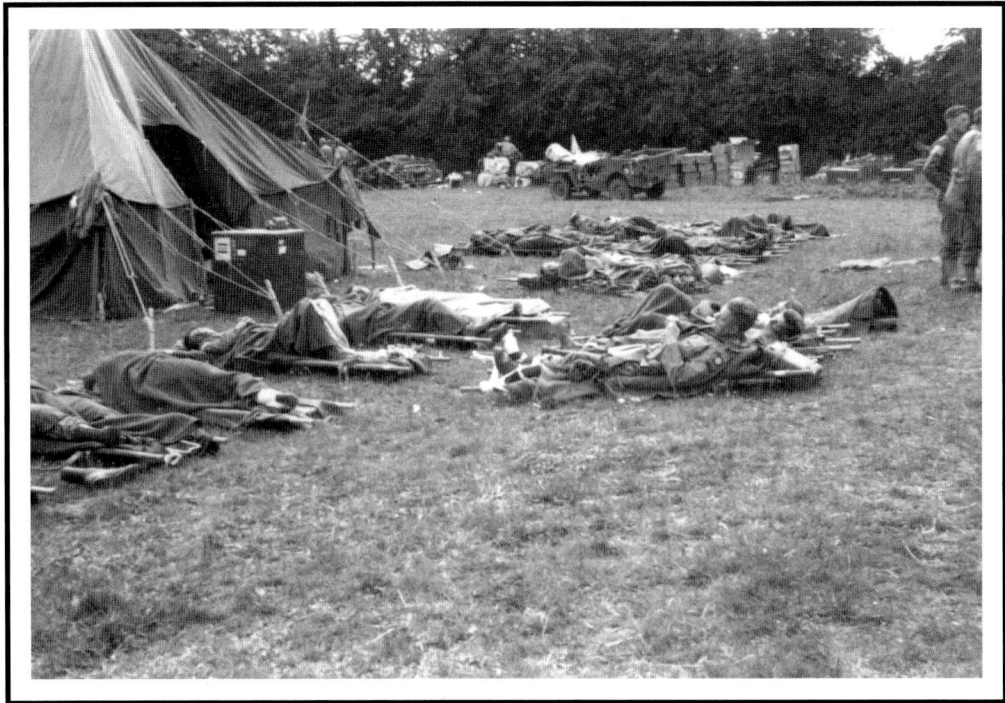

Un des premiers hôpitaux de campagne comme il en existait de nombreux autour de Sainte Mère Eglise.

One of the first of many countryside tent hospitals around Sainte Mère Eglise.

6 Juin au soir, mission Elmira. Remorqués par des avions Douglas C47, les planeurs arrivent au dessus de la Zone LZ W située entre Blosville et Sainte Mère Eglise. Les pilotes n'ont plus alors que quelques secondes de réflexion pour choisir leur lieu d'atterrissage. De plus, certains furent pris à partie par des mitrailleuses allemandes situées sur les hauteurs de Fauville.

Mission Elmira on the evening of the 6th of June. Towed by Douglas C47 planes, gliders arrived above the LZ W zone between Blosville and Sainte Mère Eglise. Glider pilots had only a few seconds to determine the best landing point, and some were struck by German machine-gun fire from enemy positions situated on the heights of Fauville.

La configuration du terrain, la densité du bocage Normand, l'étroitesse extrême des champs rendent les atterrissages très difficiles. De plus, comme on le voit sur cette photo, les Allemands avaient planté des troncs d'arbres (appelés « asperges de Rommel ») dans les champs les plus spacieux afin de gêner toute tentative d'opération aéroportée.

The nature of the terrain, the density of the groveland and the extreme narrowness of the fields all made landing a very delicate and difficult operation. Furthermore, as we can see in this photograph, the Germans had planted wooden logs in the largest and most accessible fields to hinder any landing attempts. These logs were known as « Rommel's asparagus ».

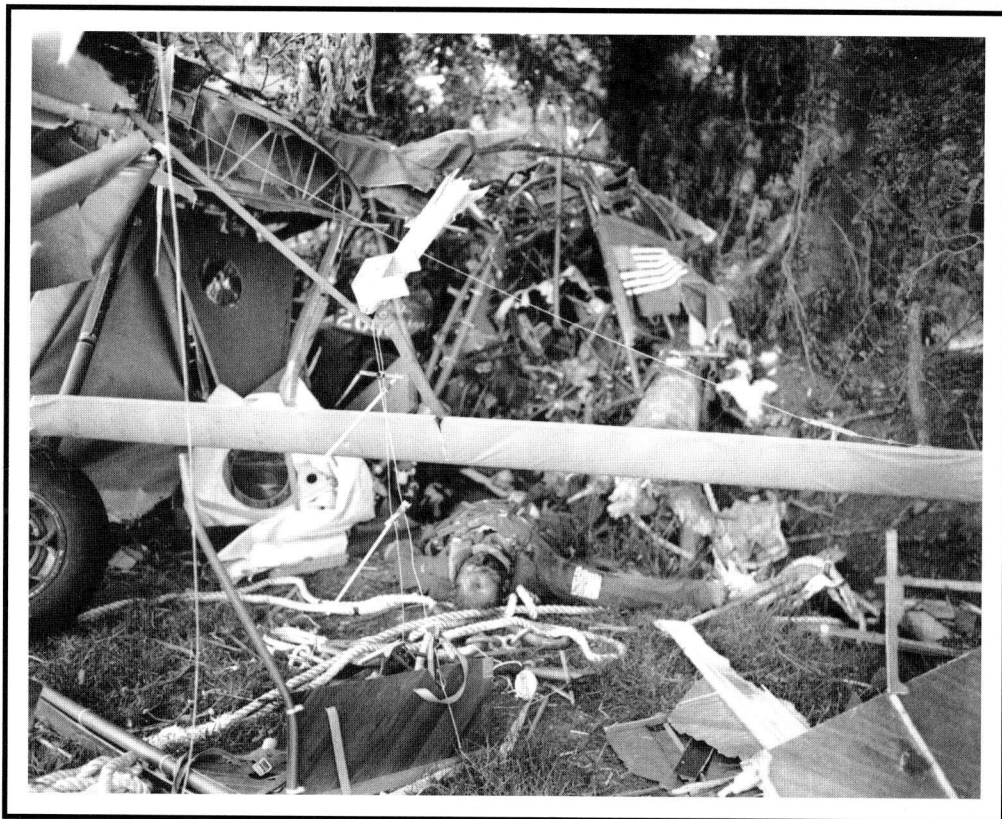

De très nombreux planeurs subirent le sort de celui-ci. Les pertes humaines furent très lourdes et le matériel souvent inutilisable, mais c'était le seul moyen pour permettre aux parachutistes d'accomplir leur mission tant que les renforts venus de la mer n'étaient pas encore à leur disposition.

Very many gliders met with the same fate as this one, bringing many lost lives and rendering equipment inoperative. But it was the only way to enable paratroopers to accomplish their mission until such time as reinforcements arrived from the landing beaches.

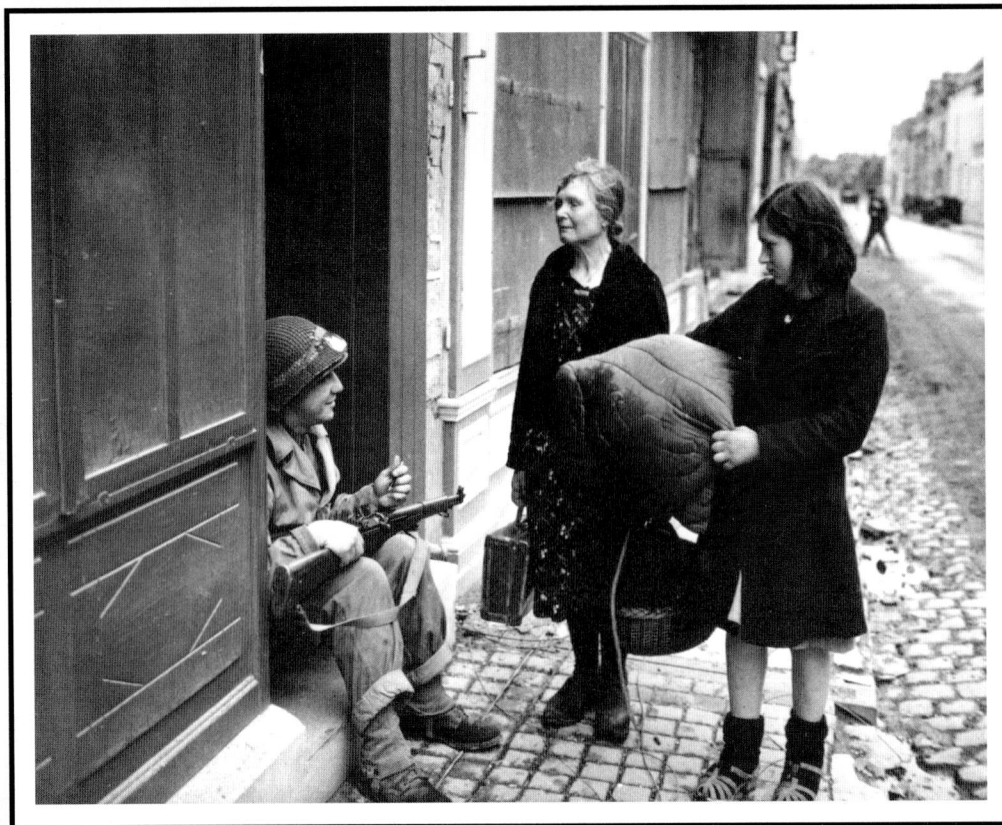

8 juin. Une habitante de Sainte Mère Eglise accompagnée de sa fille revient vers sa maison qu'elle a fui après que son mari ait été tué le matin du 6 Juin.

8th June. An inhabitant of Sainte Mère Eglise returns home with her daughter, to the house they fled on the 6th of June after the death of their husband and father.

8 ou 9 Juin. Au niveau du carrefour principal de l'agglomération des troupes du Génie s'affairent à rétablir les lignes téléphoniques le plus rapidement possible. L'éparpillement des unités et l'inexistence ou la très mauvaise qualité des transmissions ont été un des points faibles des premiers jours.

8th or 9th June. At the town's major road junction, engineers are busy trying to restore telephone lines as quickly as possible. The dispersion of units and the very poor or inexistant transmission were part of the first days' weak points.

Amorce de dialogue entre Monsieur Maury habitant de Sainte Mère Eglise et deux soldats Américains. Sur la jeep quatre femmes sont allongées sur des brancards. Rien ne permet de dire si elles sont blessées ou décédées.

Dialogue opens between Mr Maury, an inhabitant of Sainte Mère Eglise, and 2 American soldiers. Four women lie in the jeep. There is no way of knowing if they are injured or deceased.

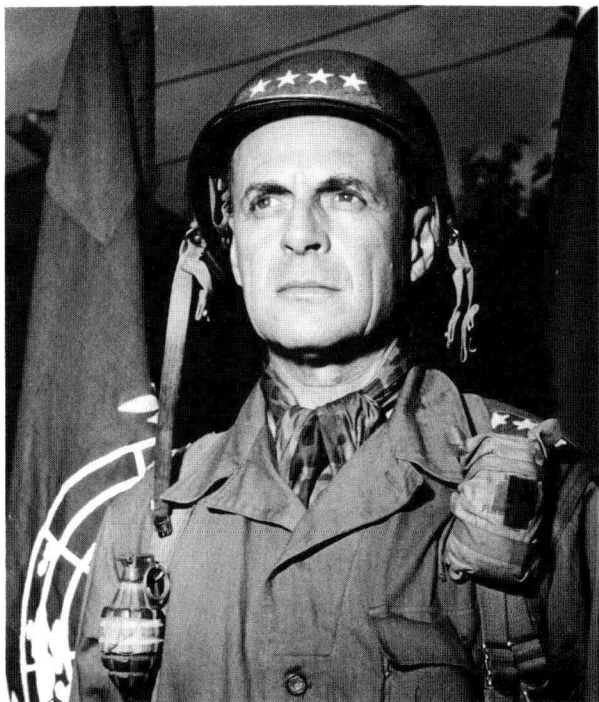

Signature and dedication on photograph:
À la ville de Ste mère Église
et ses citoyens courageux
31 le mai de 1956. M. H. Ridgway

« Les nouvelles fragmentaires qui m'arrivaient étaient à la fois bonnes et mauvaises. En effet dès le lever du jour, le premier objectif de la division, la ville de Sainte Mère Eglise, était entre nos mains et ne fut jamais perdu par la suite. Les nouvelles des planeurs étaient moins réjouissantes. 24 s'étaient posés et la plupart d'entre eux s'étaient complètement disloqués dans les arbres des hautes haies. D'autres s'étaient posés dans des zones marécageuses où les hommes avec de l'eau jusqu'aux aisselles essayèrent de récupérer du matériel radio et des canons anti-tanks… » (Extrait de « Un soldat ». Mémoires de Matthew B. Ridgway).

« The fragments of news I received were both good and bad at the same time. The division's first target, the town of Sainte Mère Eglise, was won as early as dawn, and was never to be taken from us. News from gliders was less optimistic. 24 of them had landed and most of them were completely broken up in the high trees and hedges. Others had landed in flooded marshland and troops, with water up to their armpits, tried to recover radios and anti-tank canons… » (Extract from « Soldier » Memoirs of Matthew B Ridgway)

Terrain de « la Londe » situé à 2 km à l'Est de Sainte Mère Eglise. L'efficacité américaine dans toute sa splendeur. Après avoir rasé l'épais bocage au bulldozer, le Génie en un temps record, établit la piste d'envol d'où décolleront pendant des semaines des P47 Thunderbolt du 371ème groupe d'avions de chasse en mission d'appui sur le front ou des C47 de ravitaillement et d'évacuations sanitaires.

« La Londe » airstrip situated 2 km to the East of Sainte Mère Eglise. American efficiency at its very best. After having razed the thick groveland with bulldozers, the engineers built the runway in record time. For several weeks, P47 Thunderbolts from the 371st Fighter Group on front support mission, and C47 supply and medical evacuation planes took off from this runway.

Le chaplain Francis L.Sampson de Sioux Falls S.D. donne l'absolution aux parachutistes Américains morts au combat aux environs de Carentan. Les cercueils n'étant pas encore arrivés, les premières victimes furent ensevelies dans leur parachute.

Chaplain Francis L. Sampson of Sioux Falls S.D. gives absolution to American paratroopers killed in action near and around Carentan. Coffins had not yet arrived and the first victims were wrapped in their parachutes.

Sainte Mère Eglise, 14 Juillet 1944. Messe célébrée dans le premier cimetière Américain en France pour les soldats tombés pour la libération de ce pays. Les chaplains militaires Américains entourent le curé de Sainte Mère Eglise en soutane noire au centre de la photo.

Sainte Mère Eglise, 14th of July 1944. Mass is celebrated in the first American war cemetery in France, for the soldiers who had fallen to liberate this country. The priest of Sainte Mère Eglise, dressed in a black cassock cape in the centre of the photograph, is surrounded by American military chaplains.

De 1944 à 1948, 15 000 jeunes américains morts au combat furent enterrés dans les deux cimetières de Sainte Mère Eglise et dans celui de Blosville situé à 3 km au Sud. Parmi eux se trouvait le Général Roosevelt commandant la 4ème Division d'Infanterie. En 1948, les corps furent soit rapatriés en Amérique soit rassemblés dans le cimetière, de Colleville - Saint Laurent. Sur la photo on voit au premier plan le cimetière N°1, et à l'arrière plan à droite, le cimetière N°2.

Between 1944 and 1948, 15,000 young Americans, killed in action, were burried in Sainte Mère Eglise's 2 cemeteries, as well as in Blosville, 3 km further south. Among them figured General Roosevelt, Commander of the 4th Infantry Division. In 1948, the bodies were either repatriated to America, or gathered together at the Normandy American cemetery and memorial at Colleville-Saint Laurent. In the foreground of this photograph we can see cemetery N°1, and in the background, to the right, cemetery N°2.

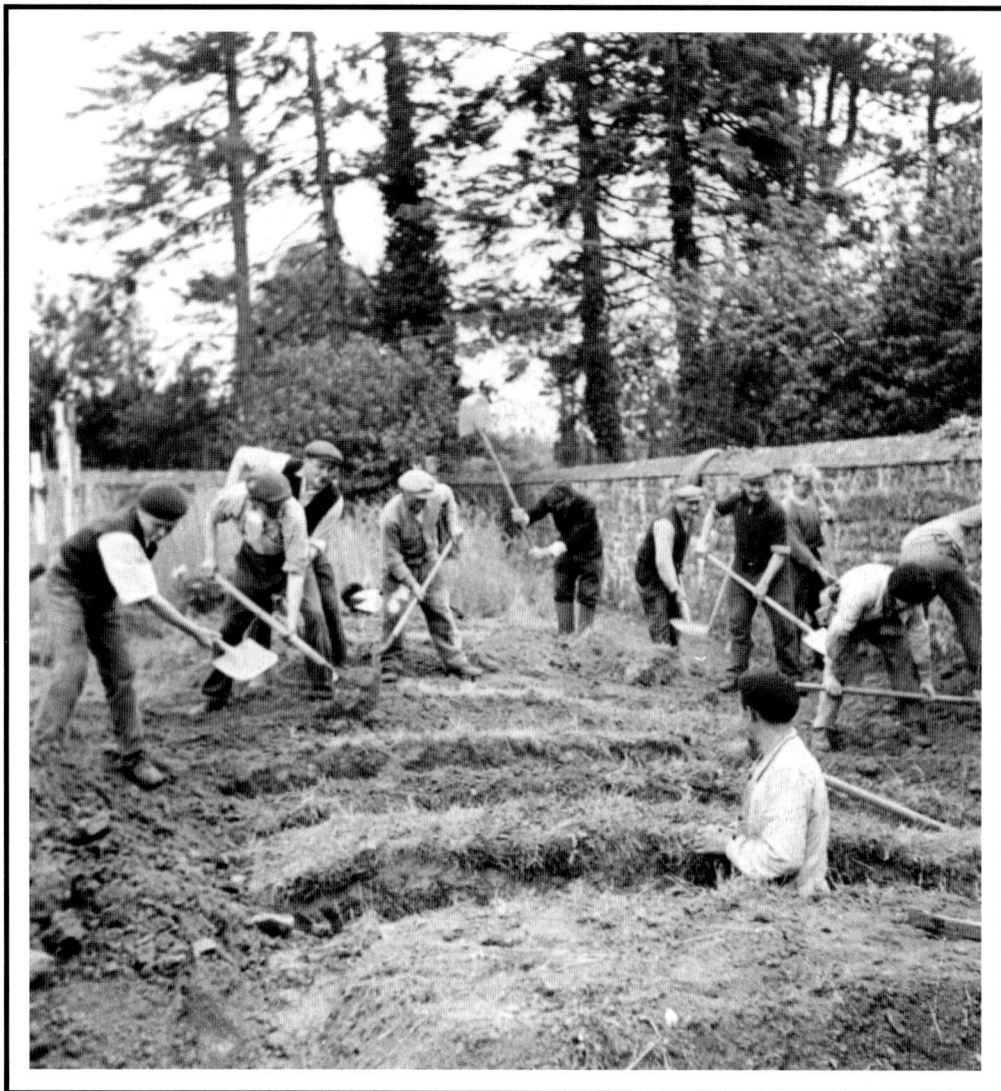

Les habitants de Sainte Mère Eglise ont eux aussi payé un lourd tribu à la libération de leur commune. Ici des civils creusent les premières tombes alors que la ligne de front s'est à peine éloignée de quelques kilomètres. 45 noms figurent sur le monument de la borne 0 située devant la Mairie, la plupart tués durant la période du 6 au 9 Juin.

The inhabitants of Sainte Mère Eglise also paid a heavy price for their town's liberation. The front line was barely a few kilometers away, when civilians already dug the first graves. There are 45 names on the 0 milestone in front of the town hall, most of the victims fell in the period from the 6th to the 9th of June.

14 Juillet 1944. Après l'épreuve, les sourires renaissent. A la sortie de la messe, sur la place de l'église, la population, entoure joyeusement le Maire de Sainte Mère Eglise Alexandre Renaud, un Chaplain Américain et le curé de la paroisse l'abbé Louis Roulland.

14th July 1944. Smiles finally adorn the faces of the inhabitants of Sainte Mère Eglise after their ordeal. After Mass, in the church square, the local population gather joyfully with their Mayor, Alexandre Renaud, an American chaplain and the Parish Priest, Father Louis Roulland.

Crédits photos :
Allen Langdon (505 R.I.P.)
Robert Piper (505 R.I.P.)
Archives Nationales des USA
Henri-Jean Renaud

Traduction :
Heather Costil

OREP

E D I T I O N S

15, rue de Largerie - 14480 Cully
Tél : 02 31 08 31 08
Fax : 02 31 08 31 09
E-mail : info@orep-pub.com
Web : www.orep-pub.com

Conception Graphique : OREP
ISBN : 2-912925-87-8
Première édition : 3ème trimestre 2005
Copyright OREP 2005
Tous droits réservés

Dépôt légal : 3ème trimestre 2005

Imprimé en France